우리 시대 현대시조 100인선 59

사고싶은 노을

오승철

태학사

우리 시대 현대시조 100인선 59

사고싶은 노을

초판 인쇄 2004년 3월 18일 • 초판 발행 2004년 3월 20일 • 지은이 오승철 • 펴낸이 지현구 • 펴낸곳 태학사 • 주소 서울시 서초구 서초2동 1357-42 • 전화 (02) 584-1740 (代) • 팩스 (02) 584-1730 • e-mail thaehak4@chollian.net • http://www.thaehak4.com • 등록 제22-1455호

ISBN 89-7626-899-7   04810 • ISBN 89-7626-507-6   (세트)

ⓒ 오승철, 2004
값 5,000 원

☞ 저자와의 협의하에 인지를 생략합니다.
☞ 파본은 구입한 곳이나 본사에서 바꾸어 드립니다.

일본 쓰루하시에서 10여 년 만에 누님을 만나 (1995)

백수 정완영 선생님 그리고 새미, 한솔, 새별이와 함께 (1998)

『열린시조』편집회의를 마치고 (뒷줄 왼쪽부터 이재창, 이용상, 이지엽, 박기섭, 문태길, 정수자 : 앞줄 왼쪽부터 필자, 강상돈, 양영길, 오종문, 이정환)(1999. 제주시 해변공연장)

북제주군 '높은 오름'에서 (뒷줄 왼쪽부터 김윤숙, 이경숙, 이달균 : 앞줄 왼쪽부터 문순자, 강애심, 김대봉, 필자)(2003)

차례

제1부

딱새	11
어느 기일	13
방선문 딱따구리	15
다랑쉬오름	16
왜적처럼 오는 봄	17
자리젓	18
위미리 소고 · 4	19
안부	20
로타리 울보	21
겨울 귤밭	23
사고 싶은 노을	24
항아리	26
야고	28
아기사슴	29
첫가을 햇살	30

제2부

산지천 멀구슬나무	33
별	34
창을 닫고 있으면	36
성읍리 느티나무	37
개닭이	38
서귀포 바다	41
신도 가을이면 서귀포에 사신단다	42
엉겅퀴	44
그리운 날	45
네 넋을 위한 노래	46
철쭉꽃	48
꽃상여	50
귤따기	51
돌	52
신구간(新舊間)	54
고향	55
돌하르방	57

제3부

고추잠자리 · 4   61
고추잠자리 · 5   62
고추잠자리 · 6   63
고추잠자리 · 7   65
고추잠자리 · 8   67
고추잠자리 · 9   69
고추잠자리 · 10   70
고추잠자리 · 11   71
섬동백 · 1   72
섬동백 · 2   73
섬동백 · 3   74
섬동백 · 4   75
섬동백 · 5   76

제4부

옥련이	79
질경이	81
서울 끝	82
완행열차에서	83
항파두리	84
장마	86
밤 안개	88
마을 끝에서	89
천제연	90
어머님	92
한라산 제2횡단도로 나목들	93
인동초	94
해설 회귀와 재귀(再歸)로서 '고향'·임규찬	97
오승철 연보	113

제1부

딱새

우리 나라 오월 바람엔
딱새소리 숨어 있다.
바다 건너 사가현,
그 깊숙한 산골 비요(秘窯)
흰 얼룩 굴리며 우는 허기진 딱새가 있다.

추임새 넣지 마라,
필시 불의 시련이라면
임진란에 끌려 왔나 팔백 팔십 조선 도공
불대장 호령소리가
해원굿에 묻어나는

나베시마 흙으로 골동품 가게 전전하는
무연고 접시 한 점,
한 판 굿에 잦아들면,
사 백년 불 못 끈 그리움, 서늘하게 만져본다.

만져본다, 문양 대신 밥티 같은 텃새울음

동강난 산하라도 한 번이나 담고 싶다.
오늘밤 저 가마터에 불 당겨라, 찔레여.

어느 기일

괭이갈매기 똥인가 했다.
벼랑 끝에 저것은,
갯바위 똥겡이*도
심심하면 찾아와서
온종일 풍경소리로
놀다가는 절이 있다.

세상 길 끊긴 자리 지귀도와 마주한다.
망장포, 파도가 후벼 판 이 망장포구에
절 하나 세우고 뜨신 대처승 그 뜻 모르겠다.

가고 싶다.
바다만 보면 당신은 상군 해녀
강남 가건 해남을 보라, 이어도가 반(半)이엔 헌다.**
육십년 어머님 태왁 숨비소리 떠서 돈다.

숨비소리 독경소리, 독경소리 숨비소리
그 행간에 특근한다는 막내 동생 휴대폰소리

문전제 올리고 나면 제기 같은 절 한 채.

* '겡이' '깅이'는 게의 제주어.
** 제주민요 <이어도>.

방선문 딱따구리

나는 어디서 왔고, 무엇이며, 어디로 가는가
고갱처럼 고민하던 한라산 계곡하나
타이티 섬 같은 바위를 뻥 뚫어 놓으셨다.

아뢰어라, 신선이 방문한다는 문 앞에서
방명록 서명하듯 바위마다 뜬 저 이름들
마지막 유배지에서 무얼 고해 바쳤을까.

어느 해부터인가 꽝꽝나무 자잘한 꽃들을
연신 숟가락으로 공양하듯 퍼내는 여인
불치병 자식을 위한 자갈돌도 져 나른다.

깨트러라, 2대 독자 몸 속의 몹쓸 병을
순순히 하류로 못 가 나뒹구는 저 자갈돌들
방선문* 딱따구리여, 따악, 딱 깨트려라.

---

* 신선이 방문한다는 큰 바위문. 고려, 조선시대에는 제주의 최고 관광지였고 최익현 등 이곳을 찾았던 사람들의 마애명이 있다.

다랑쉬오름

따라비, 좌보미, 비치미 오름 건너
높은오름, 동검은이, 용눈이 끼고 돌면,
하늘에 여왕의 치맛자락 턱 하니 걸려 있다.

다랑쉬, 이샛날 슬쩍 내다버린 저 놋화로
불 한 번 토해놓고 잠시 쉬는 분화구여
화산탄 날아간 자리, 증언하라. 꽃향유

증언하라, 그 자리 오로 숨던 다랑쉬동굴[*]
소개령 끝난 반세기 댓잎들은 돌아와도
4·3의 '4'자도 금했던 역사는 갇혀 있다.

왕릉이 아니라데, 피라밋도 아니라데.
무자년 솥과 사발, 녹 먹은 탄피 몇 개
한 마을 이장해가듯, 고총 같은 동굴이여.

* 1948년 12월경 4·3의 참화를 피해 이곳에 숨었다가 숨진 11구의
 유해가 1992년 4월에 발견되었다.

왜적처럼 오는 봄

어디까지 왔나, 아직까지 멀었다.
어디까지 왔나, 아직까지 멀었다.
마라도 지귀도 돌아 섬 몇 개 흘리는 봄.

바다는 하늘의 눈발, 그냥 버리지 않는다.
겨우내 지상의 꽃들 모두 거덜났을 때
썰물녘 갯바위 붙들고 톳으로 피는 거다.

백두대간 끊긴 자리, 길도 끊긴 천지연 하구
해녀들 숨비소리 비명으로 돌아오면
삼매봉 봉수대 근처 난리, 난리, 난리여.

저렇게 왜적처럼 침탈 한 번 못해본 내가
그것도 사랑이라고 사랑이라고 사랑이라고
서귀포 칠십리 길에 백기로만 꽂히는 봄.

자리젓

이대로 끝장났다 아직은 말하지 마라
대가리에서 지느러미, 또 탱탱 알 밴 창자까지
한 소절 제주사투리, 그마저 삭았다 해도.

자리라면 보목리 자리, 한 일년 푹 절여도
바다의 야성 같은 왕가시는 살아 있다.
딱 한 번 내뱉지 않고 통째로는 못 삼킨다.

그렇다. 자리가 녹아 물이 되지 못하고
온 몸을 그냥 그대로 온전히 내놓는 것은
아직은 그리운 이름 못 빼냈기 때문이다.

위미리 소고 · 4

푸드득 장끼가 날더라
산을 비워두더라.

망(望)앞을 몰래 넘어온 총성에 놀라
콩밭으로 콩밭으로
숨어살다가 마침내는 초집들도 불타고
아우성 속에 잡혀가던
아버지, 아버지, 서슬 푸른 죽창에
놀라 천둥소리에도 소스라치던 장끼야.

어머님 그 콩밭 머리에
지금 허연 눈이 와요.

안부

초여름 지리산과 외박을 했습니다.
녹색군단 신고 왔던
칠선 계곡 물소리가
밤새껏
군 트럭 가듯
시동을 켰습니다.

한라산 철쭉빛을 산역하고 왔습니다.
통화권 이탈에 있는
지리산 새소리만
안부를 건네주는지
비명같은 저 호출부호.

로타리 울보*

늘상 빈 지게로
무얼 지고 싶었을까
지게꾼들 틈에서도
왜 짐 한 번 안 졌을까
로타리 녹는 눈발도
불쌍해서 너는 운다

제주시 칠성통길, 국자로 뜬 그 골목을,
너는 돈다, 돌지 않는 세상의 한 귀퉁이에
흩뿌린 밥알들 같은 바람꽃도 피워 낸다

누가 탐라주성 이곳에 와 부렸을까
북두칠성 살던 터에 전원을 다시 켜면
매립된 칠성통 바다, 창창 살아 출렁일까

새우젓 냄새 같은 이 남루의 그리움을,
너는 안다, 끝까지 연대보증 서 주듯이
이 저녁 화살기도로 역병 같은 불빛 쏟다.

* 로타리 울보 : 1960년대 제주시에는 지게를 지고 거지처럼 돌아다니는 울보가 있었다. 이름하여 로타리 울보

겨울 귤밭

귀한 것일수록
버리는 마음가짐

눈 내린 날은 장끼도
터를 잡고 우는데

외면코 등을 돌리면
하늘 끝에 머무는 노을.

머물지 못하는 세월
나뭇잎 흔들고 갔다.

바다 가까운 담 밖에
지치도록 쳐든 가지

오늘밤 뉘 무덤가에
별빛 한창 푸르겠다.

사고 싶은 노을

제주에서 참았던 눈
일본에 다시 온다.
삽자루 괭이자루로
고향 뜬 한 무리가
대판의 어느 냇둑길
황소처럼
끌고 간다.

파라, 냇둑공사 다 끝난 땅일지라도
40여년 <4·3땅>은 다 끊긴 인연일지라도
내 가슴 화석에 박힌 사투리를 쩡쩡 파라

일본말 서울말보다
제주말이 더 잘 통하는
쓰루하시*, 저 할망들 어느 고을 태생일까
좌판에 옥돔의 눈빛 반쯤 상한 고향 하늘

'송키** 송키 사압서' 낯설고 언 하늘에

엔화 몇 장 쥐어 주고
황급히 간 내 누님아
한사코
제주로 못 가는
저 노을을 사고 싶다.

* 일본 대판에 있는 쓰루하시(鶴橋)는 해방을 전후한 시기에 제주 도민들이 <평야천>공사를 위하여 노역을 갔다가 집단적으로 모여 사는 곳이다.
** 송키 : 야채 반찬거리의 제주어.

항아리

애초 설레임이
한 획으로 금이 갔다.

한낱 외로움이야
비워내면 그만인걸

설움이
만월이 되어
가슴으로 차 오르는 한.

묵묵히 삼대 째를
견디어 온 살붙이여

어머님
제주 바람은
칼끝보다 아파 와요

세월이

약이라지만
병도 되는 금 하나.

야고[*]

내 노동은 여름 날 종 하나 만드는 일
보랏빛 울음을 문 종 하나 만드는 일
가을날 소리를 참고 향기로나 우는 종

신이 없다.
야고의 마을에는 신이 없다
어느 곱사등이 방황이
억새 무리 밑둥에 와
바람에 종을 맡긴다.
'신이 없다' '신이 없다'

---

[*] 야고: 제주지역의 억새뿌리에 기생하는 식물로, 하나의 꽃대로 핀 그 모습은 영락없는 종이다.

아기사슴

우리들 가슴엔
늘 바람이 일었다.

가까운 산들도
더러는 멀리 두고

송진내 넉넉히 이는
산마을에 살자했다.

자배봉 꿩소리도
더러는 놓치며 산다.

새벽 이슬길에
바람보다 목이 마른

넌 그래
순하디 순한
심심산천 아기사슴.

첫가을 햇살

이제 서투르게
제 모습 찾기 시작,

서귀포 내리막길, 겨드랑이 부스럼.
백화점 쇼윈도에
마당굿 공연 벽보 막소줏집, 베아트리체,
죄,
무너짐,
다시 무너짐,
서녘 유리창에 찍히는 이력서.

허술한
나의 이름이
가슴에 묻히는 우체함.

제2부

산지천* 멀구슬나무

메께라**,
막무가내 저 오래된 청승 봐라.
5월 산지포구 기울어진 가지 끝에
청보라 자잘한 쪽배들 떼어내는
저것 봐라.

저것 봐라, 겨울 넘고 금년 봄이 또 다해도
밤이면 별들처럼 한 줌 빛도 못 내면서
탐라성 묵은 열매를 못 떨구는 저것 봐라.

간신히 꽃과 열매 받아드는 이 한철
3대째 집문서에 지장 찍은 서녘바다
천년의 고백을 하듯, 돌아선 저 물배 봐라.

---

 * 산지천 : 탐라천년의 발상지인 산지천은 산지포구를 낳고 제주항
   을 낳았다.
** 메께라 : 제주여인들이 황당한 일을 당하거나 황당한 모습을 봤을
   때 은연중에 나오는 소리.

별

아무렇게나 살면서도
늘 살아 있어야지.

가을밤 별자리 옮겨 앉듯 납작집에 옮겨 살면 수출용 일본자수를 놓는 아내의 절름발이 수틀에도 별이 뜨고, 보채는 내 딸 새미의 눈에도 가난한 나라의 별은 뜨고 한국의 하늘만 참 맑다.

낼 아침 출근을 위해
일찍 자야 하는 시인.

내 언제 일자리에
연연하며 살았던가.

한 줄의 시도 못 쓰는 밤이면 잠 못 이루는 하늘.

오늘밤 한 떨기 별이
과감히 떠날지 몰라.

새벽새 울음 같은
아내의 기도소리

백여 평 내 땅에도
익어주는 과일들아.

허술한
살림살이에
단맛이 들고 있다.

창을 닫고 있으면

낮에도 나의 창을
열지 않는 까닭이 있다.

지붕을 짓누르는
한여름 소나기에도

납작집 사는 사람은
쥣값을 받고 있다.

성읍리 느티나무

1
쇠뿔로 뻗은 가지 뻗어나간 그 권세가
종지윷 뿌리듯이 뿌려 놓은 마을집들
오백년 현청곁에서 말방아나 놓고 있다.

2
가을은,
용서 못하면 죄가 되는 이 가을은
나도 천년쯤을 귀양 살고 싶어진다.
가지끝 피묻은 세상 홍시처럼 뵈는 날은.

개닭이[*]

1
바다도 지우지 못한
슬픈 마을이 있다.

먼 산 장끼가 우는 날이면,
갯바위마다 다닥다닥 붙어 있는 늙은 해녀들의 눈빛 속에서 잡풀이며, 바위부스러기며, 무성한 한이며, 쇳소리로 긁어대는 칠월의 하루해만 길어라.

한평생
자맥질에도
못 다 재운 호미 끝.

2
돌상 무렵 내 고향은
바다에도 아니 든다.

해마다 칠월 초닷샛날은 수평선만
바라보는 마을 사람들.

물 봉봉
드는 바닷가,
돌아오지 않는 주낙배들.

3
친구여, 우리가
부르지 못한 그 이름들이

이 저녁 제삿집마다
불빛으로 돋는다해도

한사코
바다소리만
무너지는 마을 한 끝.

* 개닦이 : 해녀들이 각종 해조류가 돋아날 수 있도록 1년에 한 두 차례씩 갯바위의 잡풀과 바위부스러기 등을 호미로 긁어 닦아내는 작업.

서귀포 바다

친구여,
우리 비록
등돌려 산다해도

서귀포 칠십리
바닷길은 함께 가자.

가을날 귤처럼 타는
저 바다를 어쩌겠나.

신도 가을이면 서귀포에 사신단다

1
신도 가을이면 서귀포에 사신단다.

바닷길 눈부신 태평양의 첫마을 그 어디쯤, 이 세상 사람과 저 세상사람, 아니면 오래 전에 사위어간 첫사랑의 불빛끼리 한번쯤 눈 딱 감고 천둥 번개 만나는 길, 그 기막힌 길, 생색낼 수 있는 길을 만들고 싶으시다.

칠십리 만갈랫길이여,
그런가, 안 그런가.

2
하늘에는 천제연만한
맑은 못물 없으시어

일곱선녀 몰래 내려와 사람과 정든 마을

이제는 터놓으시라. 하늘 닿은
저 뱃길을.

3
각시바위 고집으로
첫사랑의 고집으로
가을햇살 아래서 신방을 차리시나.
수평선
그 하얀 허리띠 놓아주질 않으시네.

엉겅퀴

1
'가메기 모른 시께'* 있었다는 뜻일테 주
승늉 묻은 밥티 몇 점 얻어먹고 가는 길에
이 세상 인연의 뱃도롱**, 끊지 못한 붉은 취기

2
따져보면,
오름들도 헛봉분이 아니던가
리사무소 스피커가
혼 부르듯 하는 날은
천지간 외로운 사랑 딱 한번만
하고 싶다.

  * 가메기 모른 시께 : 까마귀 모른 제사의 제주어.
 ** 뱃도롱 : 배꼽의 제주어.

그리운 날

출렁이는 아픔도
아예
말하지 말자.

장끼가 울어 쌓는
그대 무덤 가에

고사리
고개 못 들고
죄인처럼 섰구나.

네 넋을 위한 노래
―順

마을 밖 귀를 열고
기대 섰는 동백나무.

그 위로 저녁 노을
훨훨 깃을 치던 날도

장지문 열어 젖히고
눈 먼 새로 살겠는데.

이대로 굳는다면
차마 네게 죄될까?

<터지는 웃음마저
몰래 묻던 백사벌>엔

하얗게
각혈을 쏟는
달이 칭칭 울더란다.

차라리 푸른 산은
봄날이라 허허한 거.

장끼가 목쉬도록
울다 떠난
빈 골골에

넌 가만
보채 오누나
아른아른 아지랑이.

철쭉꽃

에이 쌍, 갈 것들은
남김없이 떠나라.

한라산 오르던 늦봄 어느 날, <진달래밭>
지천으로 붉게 타던 속에서 망아지새끼
꽁지를 빼려고 이리 뛰고 저리 뛰고
돌팔매하며 깔깔 웃다가 문득 너의
손가락에서 피어나던 철쭉꽃.

꽃잎도 한 번 떨어져
다시 못 올 이승인가.

겨운 잠 도로 깨니
몰려오는 소낙비

바람은 네 머리카락을 흔들고 내 머리카락도 흔든다.

등뒤엔 산천도 비어

가뭇없는 허공이네.

창 열면 저승인가
손 잡힐 듯 아주 더 머언

초집들은 불씨 묻고
치적치적 비에 젖네.

허망한
일월(日月)도 짐짓
웃고 보면 그만인 걸.

꽃상여
―할머님 떠나 보내고

낡고 닳은 물레 휘어 감긴 팔십세월,

난간에 떠오는 달 머리채에 시름 앓더니

한 하늘 스러지던 삼경, 하얀 넋이 떤다.

인생은 바람이더라 살다보면 살아지더라.

새기어 아픈 말씀 관빛의 촛불 켰다.

엇갈려 부는 저 바람 속, 청개구리는 어이 울고?

옷자락 펄럭이며 소낙비 막아서면

저만치 공동묘지 발가벗고 아물아물

은하강 머리를 풀 듯, 아아, 여울지는 꽃상여여.

굴따기

늦가을 바닷가에
무너지는 굴밭이 있다.

내 누이 손바닥에
옹이지는 노을빛

이 저녁
내 영혼의 푸른 가지에
서녘하늘 무겁구나.

바다도 못 재우는
이 바닷가 빈 가지

자배봉 꿩소리가
나뭇가질 흔들고 갔다.

노랗게
타오르는 광주리
섬기슭은 어이 비고?

돌

눈 내리는 바닷가에
탐석을 나갔었네.

육십 세월
바다에 씻긴
어머님 닮은 돌 한 점,

한평생
바닷가에서
닦일 대로 닦였다.

더러는 편안하게
옮겨 앉은 돌도 있어

바다를 뜨지 못하는
하얀
목마름

지금도
몸김이 남은
저 세상의 돌 한 점.

신구간(新舊間)*

집요한 신의 간섭 얼핏 풀린 시간의 틈새
첫사랑, 첫사랑이 아른대는 봉분들도
세상에 이사를 다시 가고 싶은 그런 날.
왜 하필 제주땅에
신의 군단 주둔시켰나
가미가제 공습 피하듯
숨가쁜 이사행렬
저 행렬 어디쯤에도
형형한 뇌관은 있다.
그들은 내 행적도 적어 들고 갔을까?
세상에 문패 한 번 달아본 일없어도
박살난 노을 이끌며 간다.
놓아주는 몇 송이 눈.

* 신구간 : 대한 닷새 뒤부터 입춘이 되기 전 삼사 일까지의 기간. 이 기간은 제주의 18,000신들이 사람의 행적을 적어 '옥황'에게 올라가 잠깐 자리를 비우는 기간으로서 제주 사람들은 아직도 그 풍속에 따라 이 기간에만 집중적으로 이사를 한다.

고향

고향에 돌아오면
고향이 또 그립구나.

장끼 저리 울게 두고
마을 떠난
여인아.

지는 해
기울지 못해
서산 활활 태우네.

낯선 집 낯선 사람들이
가지런히
들어서도

동구밖 오리 길엔 산딸기 익었다.

흩어진

고사리 손들은 향기 찾아 안 올까.

장지문 터진 틈으로
어둠을
밝히는
달빛.

괭이처럼 굽으신
어미 등을 토닥이다

한 방울
뚝 듣는 촛물,
뭣 땜인지
난 몰라라.

돌하르방

1986년 초겨울 날
그대에게 묻는다.

너는 어디서 굴러왔느냐, 한 쪽 발 들고
오줌을 갈기는
개새끼에게도 아무 소리 없이 미소를 짓는
너는 누구냐,
천년이 지나도 유배지의 불빛은
낯설기만 한데

부릅뜬 왕방울 눈에
지분거리는 싸라기눈.

하르방, 하르방
정의골 돌하르방.

벙거지 눌러써도 제주 바람은 소름이 끼치도록 매섭기만 한걸

한 세상 답답한 길목
누굴 지켜 섰는가.

죽어도 눈 못 감는
한이 서린 이 변방

우영밭에 장꿩도
제 울음을 묻고 있다.

어사또 출두는 언제냐,
절규하던
시인아,

제3부

고추잠자리 · 4

1
가을하늘 다 하는
갈랫길
그 언저리.
억새 밑둥 마르는 종소리 날아와서
못 이룬 들녘의 꿈이
십자가로 앉았다.

2
죄지은 일없으면
이 세상에 살지 말자.
그리움도 하나의 죄
하늘이 준 형벌 앞에
긴 울음
꽁지에 참고
저 혼자 뜬 갈랫길.

고추잠자리 · 5

1
결국 그런 것이다.
그리움은 그런 것이다.
평생 세운 날개, 십자가 세운 날개
간직한 이름만 있어도 나는 좋다. 애인아.

2
잠들지 마.
이 땅에 그리움이 남아 있으면,
세 번 거짓말한 베드로 귓가에 첫닭이 울면,
나는 너를 배신하지 않았다고 첫닭이 울면,
아무리 부인해도 세 번의 <방망이 소리>
들리면,
귀가 없어도 <방망이 소리> 들리면,
애인아, 마르는 꽁지가
더 말라도 잠들지 마.

고추잠자리 · 6

1
겨울에도
그들은 순백으로 살아있다.
따져보면
제주시에
거슬러 와 사는 것도
이 세상
인연의 풀잎
그냥 놓질 못함이다.

2
눈이 온다.
이 땅에 못 이룬 일 있으시어
바다 가까이
등을
켠
동백나무에

온 종일 축산이*같이
비켜 앉는 고추잠자리.

3
마른 억새풀 하나
이 세상 축이 되어
온 마을 푸짐하게 잔칫상을 받는 날도
하늘과 바다와 땅의 구도를 견고한
그리움으로 세우면서

사글세
우리 지붕만
삐딱하게 앉혀놨다.

* 축산이 : 제주에는 세상에 원한이 많아 죽어서도 저승에 들지 못하는 영혼을 <축산이> 또는 <죽산이>라고 한다. 즉 이쪽이나 저쪽에서 따돌림 당하는 사람을 일컬음이다.

고추잠자리 · 7

1
그들은 한사코
땅에 앉지 않는다.
풀잎도 마른 풀잎.
나무도 삭정이 끝.
허공에
몸을 맡겨야
비로소 잠이 오는.

2
물에서 태어나도
이 세상이 나는 좋다.
그게 천형이라면
땅을 밟지 못한대도
그리움 다한 가지에
저 혼자
피어나는

3
가을엔 웬 일인지
용서를 빌고 싶다.
한라산에서 제주시 탑동까지 한천은 목이 마르고, 그 둑 아래 사글세로 나앉은
저녁 불빛아
가슴에 뜬 별 하나로 꽁지까지 타오르는.

고추잠자리 · 8

1
가을 목장길은
무슨 생각 들었는지
컴퓨터 커서같이
먼 능선 이끌고 와
순명의 길섶을 따라
부려 놓은 욕심 몇 점.

2
이 땅의 생각으로
마른 쇠똥 다시 피면
질긴 제주바람, 지금 나는 누구의 칼날 끝에 끈끈한
육질의 목우(牧牛)가 되는가.
무자년* 어진 소 떼여,
총신 앞에 내가 섰다.

3
뿔 하나 갖고 싶다.
이왕이면
휘어 튼 뿔
대숲만 남긴 바람, 한 마을 다 채어간
똥수레기** 같은 바람.
교래리 그 어느 숯막, 잠시 길을 묻는
바람, 싸락 눈발
비치기 전 나는 말하리라
목장길
세상 한 끝이
화석처럼 박혀있는.

---

 * 무자년 : 1948년 제주의 <4·3 사건>이 일어난 해.
** 똥수레기 : 솔개의 제주방언.

고추잠자리 · 9

가을이 못 견디면
강남가면 되는 거지.

식어 가는 이 땅에,
도져오는 신경통 같이 날개여,
가을빛 한 모금 문 냇물 같은 날개여,
이 세상 온전한 가을, 잠시 돌려주고프면

무자년 그 가을빛을 놓아주면 되는 거지.

고추잠자리 · 10

누가 점지했나
삼백예순 제주오름

가을엔 나도 잠시
생명을 놓고 싶다.

물음도 대답도 없이
섬에 뜬
헛 봉분들······

고추잠자리 · 11

하늘도 제 뜻대로
안 되는 일 있는 건지

그리움의 독기 묻은
뼈와 살은 거뒀어도

허공에 간절한 생각
내려놓질 못하시네.

섬동백 · 1

이리저리 귀를 열고
바람소릴 듣는다

달무리 피어올라
대숲에 숨는 얼굴

아아, 그 가득한 목소리
돌아보는
동백꽃.

섬동백 · 2

섬과 섬 사이로
물소리만 들려라

외로운 날이면 하늘 한 번 쳐다보고

담 너머
저무는 산만 목마르게 불렀다.

돌아와도 남녘 한 끝
시름은
못 재우네.

남제주군 남원읍 위미리 곤냇골,
지는 꽃의 설움에
깔리는 노을

바닷가 뉘 무덤가에 이르러
내 목빛도 붉어라.

섬동백 · 3

지다 못한 한 송이는
물밑을 굽어보네.

'자꾸 빨려들었어, 참말. 귀를 열고 기차도록 바다소리에 귀를 열고, 달님 훌훌 구름자락 비켜서면 발갛게 달아오른 알몸을 보다가 문득 입맞추려 했더니 몰라, 몰라, 난 몰라.'

요것아
빈 바다 두고
저편 어인 꽃등 켰니.

섬동백 · 4

바닷길 쪽으로만
기우는 가지가 있다.

고향에 사는데도
외로운
사내여.

그 마음
붉히지 못해
온통 젖은 바닷길.

섬동백 · 5

바닷가 외로움은
차라리 병이라 하자.

남제주는 ᄀ매기*들이 살다 버린 빈터.
긴겨울 남을 것만 남아서 서러울 것이면
등신아, 하늘만 쳐다보는 이 등신아,
속울음으로 속울음으로 불알이나 잡아라.

물가에
눈이 내리면
더욱 붉은 내 모가지.

* ᄀ매기 : 소라, 고동의 한종류.

제4부

옥련이*

가을이면
영도다리 저도 뱃길 안 열고 배겨?

식민지의 바다에 출소 소식 전해지듯

그런 날,
저 숨비소리 뱃길 안 열고 배겨?

컴퓨터의 커서가
사글세로 떠서 도는
영도의 한 귀퉁이
청춘의 한 귀퉁이
발목을 잡힌 수평선, 사투리로 살고 있다.

까짓 물고문이야 물숨 참듯 하는 거다.
작살 하나 쥐지 않은 순배기꽃 한 무리가
바람에 자맥질한다.
숨비소리 저 비명소리

아무도 그 기억이 있을 수 없는 영도땅의
사랑이여,
세상은 조서(調書)나 꾸미는 거

가을날 그 무슨 물음에
고향 가질 못 하시나.

* 옥련이 : 1932년 일제의 해산물 수탈에 항거 해 1천여 명의 해녀들
  이 연일 시위를 벌였던 <제주해녀항일운동> 때 3인의 주동자 가
  운데 한 사람. 아직도 부산에서 당시 옥고의 후유증에 시달리고
  있다.

질경이

한강 불빛들은
어디로 흐르는가.

친구여, 우리 끝내
삭막한 타향에 와

오늘도
터를 못잡고
놓쳐버린 서울 한 끝.

아무 데나 뿌리내려도
살아가는 질경이

단단한 땅일수록
꼿꼿하게 살다가도

밤이면
뿌리도 없이
강둑에 앉은 불빛들.

서울 끝

홍대 앞에서도
서울 끝은 안 보이네.

이름 없는 산인데도
장끼는
울지 않고

총총한
걸음걸이로
흘러 버린 지하철 입구.

완행열차에서

자꾸 따라오며
흔들리는 내 얼굴,

가뭄마을 불빛들은
강을 찾아가고 있다.

한 차례
소나기마저
여길 비켜 가던가.

칼국수 한 그릇으로
두끼쯤사 못 견디리.

자리 뜬 사람들은
끝내 아니 돌아오고

초가을
불빛을 헤쳐
덜컹이며 가는 밤.

항파두리

바람 떠난 빈터에도
출렁이는 말씀 있어

풀잎이 흔들리듯
몸으로 듣는 바람소리

소나무 옹이진 가지
놀빛 가려 푸르고.

우리들 만남엔
늘 한 끝이 비어 있다.

아무리
바둥쳐도
묶여 있는
절도(絶島)인걸

흩어진

토성 너머로
절로 붉은
저녁놀.

장마

서귀포 떠나와서
강정은 가개비 떼 울음

인생의
답답한 꿈
냇둑에 남아 있다.

이 저녁
하늘을 향해
뉘 집 불빛 돋우시고.

시방 뉘 형상으로
달맞이는 피는가.

낮이 싫었으면
초여름도 삼가야지.

안개비

노오란 둑길
자치자치 물들겠다.

밤 안개

한 세상 버려두고
냇가에 나온 사람들

아직은 허술한
불빛마저 두고 와서

가개비
답답한 울음만
떠나보내고 있더라.

마을 끝에서

자배봉 기슭까지
사람들이 사는구나

마을 끝에 나와서니
고추보다
인생이 맵다.

인고의 과일밭에는
가을볕이 드는구나.

가을볕 옮겨가듯
산등에 나앉은 사람들

허술한 사람일수록
한이 많은 법인데

오늘밤
하늘 가까이
불빛 몇 개 뜨겠구나.

천제연

필시 천제연은
저 세상의 흐름이다.

거꾸로 핀 동백들도
저리 편히
사는 것을

한 하늘 잦는 못가에
나 혼자
밀리어 섰네.

서귀포 중문동
마을의 한 끝에는

하늘로 오르지 못한
선녀가 남아 있다.

지금도

그 한이 남아
소리뿐인 천제연.

어머님

김치를 담그다가
서녘산 물이 든다.

이런 날은 장꿩도
서러운 맛들이는지

늦가을 긴긴 울음을
함께 절인
김칫독.

한라산 제2횡단도로 나목들

길이 흐릴수록
환해 오는 네 생각

눈 내리는 길목에선
굽어있던 나목들이

산굽이
넘어와 보니
꿩발자국 같은 것들.

인동초

내 언제 봄 하루를
밖에 두고 온 적 있나.

30여 평 적막 뒤에
사무치는 장끼울음

인동초
눅눅한 터에
별빛 몇 개 뜨느냐.

섭섭한 봄볕 속을
이대로 펴야하나.

해질녘 저무는 산허리를 내다보노라면
저승길도 뵐 듯하다.

인동초 지는 날이면
뜰도 쓸어 두리라.

한결같은 나날을
이대로 견뎌야 하나.

내 고향 위미리는 서귀포로 30리, 자배봉 멀리 두고
장끼가 혼자 울어, 헐린 울담에도 얼룩은 진다마는

산 노을
사위는 뜰에
짐짓 피는 인동초

해설

회귀와 재귀(再歸)로서 '고향'

임규찬
문학평론가

1945년, 하이데거는 횔덜린의 시구를 빌어 '가난한 시대에 무엇을 위한 시인인가?'라고 우리에게 물었다. 왜 '가난한 시대'라 했을까. 그가 말하는 '가난한 시대'란 옛날의 신은 없어져버리고 '새로운 것'은 아직 나타나지 않는 밤의 심연이 드리워진 시대이기 때문이라는 것이다. 덧붙여 그는 그보다 무서운 일은 이런 '신의 결여'를 결여로서 심각하게 인식하지 못하는 것이 '가장 심각한 가난함'이라고 말했다. 실제로 오늘의 시대에서 종교적 신앙의 쇠퇴보다 종교적 감수성의 쇠퇴가 더 무서운 재앙이라고 하듯 시나 시인의 쇠퇴보다 더 무서운 것은 시적 감정의 쇠퇴일지 모르겠다.

어쨌든 오승철 시인도 제주도에 서식하는 종을 닮은 식물을 그린 「야고」에서 '신이 없다' '신이 없다'고 외치고 있다. 시집을 읽으면서 내내 뒷머리를 붙드는 그림자가 바로 그런 소리 없는 외침이었다. '나도 천년쯤을 귀양 살고 싶어진다 / 가지끝 피묻은 세상 홍시처럼 뵈는 날은'(「성읍리 느티나무」)과 같은 갈구였다. 그리고 그 중에서도 특히 '고향'과 '그리움'이란 말이 가장 강력하게 심중을 흔들어댄다. 이 시조집의 가장 전형적인 시라 할 수 있는 「고추잠자리·4」를 한 번 보자.

   1
   가을하늘 다 하는
   갈랫길
   그 언저리.
   억새 밑둥 마르는 종소리 날아와서
   못 이룬 들녘의 꿈이
   십자가로 앉았다.

   2
   죄지은 일없으면
   이 세상에 살지 말자.
   그리움도 하나의 죄

하늘이 준 형벌 앞에
긴 울음
꽁지에 참고
저 혼자 뜬 갈랫길

　우선 '시조'라는 형식을 굳이 따질 필요가 없을 만큼 시의 가장 일반적인 형태 혹은 기본적인 형태에 충실한 서정시 양식이다. 시란 예술적 비유라는 수단을 통해 비감각적인 사고를 감각적 용어로써 표현하는 것이며, 유사함으로써 명료해진 이미저리(imagery)를 통해 사고가 고양되는 것이라는 일반적인 정의에 부합되는 시다. 시조를 의식했다는 흔적은 숫자로 연을 구분한 것 뿐이며, 더구나 연 자체가 서로 동형(同型)을 이룬 것도 아니니 정형시로서 의도적인 계산을 한 흔적은 찾기 힘들다. 그런 만큼 이 시조집에 어떤 의식적인 눈길을 따로 가질 필요는 없다. 그냥 편하게, 오히려 시의 자연스런 흐름에 몸을 맡기는 것이 시 이해에 바람직할 것이다.
　실제로 이 시에서 보듯 시인은 '고추잠자리'에 온전히 자신을 담그고 그 속에서 자아의 응축된 내적 심상을 다시 잠자리의 구체적 형상으로 외화 해 내고 있다. 시속의 잠자리 모습은 우리가 아주 흔하게 보는 가을 풍경의 하나이지만, 그러나 자세히 들여다보면 거기엔 순수한 시간의 응결이 있다. '갈랫길' 언저리에 '십자가'로 앉았다가 '긴 울음 / 꽁지에 참고' 날아오르는 한 순간의 잠자리 모습. 우리가 시를 읽는다는 것은 이처럼 한 순간에 지적이고 정서적인 어떤 복합체를 만난다는 사실이다. 말하자면 말 하나 하나에 전자아와 생명을 거는 시인의 창조적 시공간 안에서 시는 달력 속에 들어 있는 날짜와 달리, 오히려 시간의 계기적 진행을 깨뜨리는 한 파열로서, 어제나 내일 없이 주기적으로 돌아오는 현재의 돌입, 순수한 시간의 응결을 보여주는 것이다.

이 속에서 우리의 마음을 흔드는 것은 '억새 밑둥 마르는 종소리 날아와서 / 못 이룬 들녘의 꿈'과 '하늘이 준 형벌'인 '그리움'이다. '못 이룬 들녘의 꿈'이 다소 추상적이지만 2연의 '그리움'이 환기하는 힘은 이 시 전체를 지극히 인간화시키는 내면적 율동을 부여하며 잠자리의 나는 모습과 겹쳐진다. 더구나 '죄지은 일없으면 / 이 세상에 살지 말자'며 다소 역설적인 경구를 제시하며 '그리움도 하나의 죄'라 하여 '그리움'이 갖는 마음의 그림자를 강조하는 시인의 드러나지 않는 자연스러운 힘에 의해 '하늘이 준 형벌', 즉 천형(天刑)으로 감싸는 종교적 감수성은 1연의 '십자가'와 한 무더기를 이루며 인간의 어떤 본질을 환기한다.

사실 『사고싶은 노을』의 매력은 이처럼 단순함에서 비롯된다. 기교 중의 기교는 무기교라는 말이 있듯이 시인은 흔하지도 그렇다고 진귀하지도 않은 힘으로 언어를,

자연을, 그리고 무엇보다 인간을 채집한다. 자연 속의 살아있는 고유한 몸짓들과 숲 속의 나무들이나 길가의 풀들이 가지고 있는 감정들을 가지고 삶을 이야기한다. 그 중에서 무엇보다 '고향상실'의 현대인을 향한 「고추잠자리·6」과 같은 '고향'의 형상이다.

1
겨울에도
그들은 순백으로 살아있다.
따져보면
제주시에
거슬러 와 사는 것도
이 세상
인연의 풀잎
그냥 놓질 못함이다.

2
눈이 온다.
이 땅에 못 이룬 일 있으시어
바다 가까이
등을
켠
동백나무에

온 종일 축산이 같이
비켜 앉는 고추잠자리.

3
마른 억새풀 하나
이 세상 축이 되어
온 마을 푸짐하게 잔칫상을 받는 날도
하늘과 바다와 땅의 구도를 견고한
그리움으로 세우면서

사글세
우리 지붕만
삐딱하게 앉혀놨다.

   도시에 살다 보면 여름철 한낮에 신호등을 기다리는 자동차 위에 연신 꼬리를 내리꽂는 잠자리들을 본 적이 있을 것이다. 왜 그럴까. 반짝이는 자동차 표면을 햇빛에 반사되는 수면으로 착각하고 알을 낳으려 계속 내려앉는 행동이라는 분석이 있다. 공룡시대부터 살았던 잠자리가 드디어 인간의 등살에 한 많았던 이 지구상의 삶을 접고 있는 잠자리들이 적지 않다. 도시인들은 살아남은 종들이 알을 낳을 만한 곳이 마땅치 않은 도시 한복판에서 끝없이 방황하는 잠자리의 모습만을 보고 있는 것이다. 그러나 우리 도시인들은 삭막한 인조감옥이기에 그것이 어떤 형상이든 그저 자연적인 사물이기에 기묘하게 환희에 찬 눈길을 보낼 따름이다. 그런 만큼 이 시속의 '고추잠자리'는 그런 생태적 비극을 보이지 않게 바탕에 깔고서 우리를 특정한 공간으로 안내한다. 물론 이 시가 생태적 사고를 직접 드러내지는 않았다. 이 시 역시 앞서의 「고추잠자리·4」와 이어지는 것이지만, 앞서의 시와는 다르게 손상, 상실되어 가는 '고향'의 이미지를 떠올리게 한다. 황금 계절이었던 가을이 아닌 겨울이란 계절이 우선 눈에 들어온다. 더구나 상대적으로 따뜻한 '제주'에 '거슬러 와 사는' 잠자리가 '온 종일 축산이 같이 비껴' 앉아 있는 형상은 '그리움'이란 말과 함께 원초성을 생각하게 만드는 것이다. 시인의 설명에 따르면 '축산이'는 죽어서도 저승에 들지 못한 영혼을 지칭한 용어로, 이쪽이나 저쪽에서 따돌림을 당하는 사람을 뜻한다. 이런 실존적 위치야말로 넓게 보면 우리 모두를 향한 지칭이 아닐 수 없다.

물론 이 시집은 소재로 보면 '제주도'에 대한 형상적 헌사이다. 제주도만의 독특한 자연풍광과 시속(時俗)은 이 시집 도처에 널려 있다. 그러나 자연풍광과 시속이 따로 놀지 않고 결합하여 빚어내는 시적 점묘는 단순한 토속성을 넘어서서 자연 풍경과의 만남의 장소로서 고향을 지시한다. 인간 역시 다른 피조물들과 마찬가지로 자연 가운데 살고, 또 넓은 의미에서 자연의 일부분을 이룬다.

시인 역시 자연을 대상으로 하여 인식과 경험의 활동을 한다. 말하자면 자연으로서의 고향은 자연관과 세계관이 형성되는 토대이며, 또 삶의 뿌리와 밑동이 자라는 터전과 못자리인 셈이다. 붉은 「엉겅퀴」에서 제주의 비극적 역사를 '오름들도 헛봉분'으로 슬몃 암장하거나, 붉게 타는 「철쭉꽃」에서 '꽃잎도 한 번 떨어져 / 다시 못 올 이승인가' 하며 제주도의 비오는 초집을 바라보며 '허망한 / 일월(日月)도 짐짓 / 웃고 보면 그만인 걸'로 시간화하는 것 등에서 이런 면모는 잘 드러난다. 그렇기 때문에 고향의 자연물들은 거의 생득적인 육체성으로 다가온다.

　　지다 못한 한 송이는
　　물 밑을 굽어보네

　　'자꾸 빨려들었어, 참말. 귀를 열고 기차도록 바다소리에 귀를 열고, 달님 훌훌 구름자락 비켜서면 발갛게 달아오른 알몸을 보다가 문득 입맞추려 했더니 몰라, 몰라, 난 몰라.'

　　요것아
　　빈 바다 두고
　　저편 어인 꽃등 켰니.

「섬동백·3」이다. 묘한 나르시시즘이 꿈틀대는 욕정이 거기 있다. 시집 전체적으로 보았을 때 '붉은 색감'이 강하게 드러나는 것도 이와 관련이 깊을 터인데, 거기엔 한결같이 절정의 감탄사에 가까운 감정들이 들끓고 있어 자연 폭발성을 담지한 심리적 정서로 투영된다. 사실 식물성의 색감이란 '한(恨)'이란 말을 상기할 만큼 오랫동안 응결된 마음의 질이기도 하다. 하여 「서귀포 바다」에서처럼 "친구여, / 우리 비록 등돌려 산다해도 // 서귀포 칠십리 / 바닷길은 함께 가자. // 가을날 귤처럼 타는 / 저 바다를 어쩌겠나."와 같은 원초적 회귀(回歸), 재귀(再歸)의 마음자리로 '고향'이 자리잡고 있는 것이다.

더구나 고향은 혈연과 이웃과 결속력이 강한 공동체의 장소이다. 고향에서는 도시처럼 '군중 속의 고독'이나 '익명의 타자' 같은 것은 있을 수 없다. 대부분의 고향은 마치 가정의 연장이나 확대와 같은 것으로 여기에서는 어떤 이해 문제로 친소 관계가 형성되지 않고 사랑과 정, 그리고 혈연적 유대감이 지배하게 된다. 「서귀포 바다」도 그러하거니와 1960년대 지게를 지고 거지처럼 돌아다니는 한 울보를 그린 「로타리 울보」, 해방 전후 일본 대판에 노역을 가서 집단 거주하던 제주도민의 비극적 삶을 형상화한 「사고 싶은 노을」, 그밖에 「숨비소리」 등을 보면 이 점은 쉬 확인할 수 있다. 살아있는 모든 것이 이름을 갖고 있다는 것 자체가 그런 친연성을 의미한다.

그렇기 때문에 시인이 불러모으는 고향에 대한 극진한 헌사와 애무는 단순한 서정시나 서경시를 넘어서는 역사적 성격을 가지고 있다. 전체적으로 제주도 민초들의 삶이 슬프면서도 아름답게 미학화 되는 것부터가 '고향'을 산 현실로 받아들이며 그것의 시간성과 현재성을 묻고자 하는 것이기도 하다.

>자배봉 기슭까지
>사람들이 사는구나
>
>마을 끝에 나와서니
>고추보다
>인생이 맵다.
>
>인고의 과일밭에는
>가을볕이 드는구나.
>
>가을볕 옮겨가듯
>산등에 나앉은 사람들
>
>허술한 사람일수록
>한이 많은 법인데

오늘밤
하늘 가까이
불빛 몇 개 뜨겠구나.

― 「마을 끝에서」 전문

　마치 옛 한시를 보는 듯하다. 단순히 예스런 언어의 사용 여부가 아니라 문장과 구성 자체가 그렇다는 것이다. 오히려 언어 자체야 현대화된 것인데 오늘의 상황을 고법(古法)으로 형용함으로써 이 자체가 과거(원고향)의 시각으로 오늘을 묻고 있음을 말해준다. 실상 이런 시법(詩法)이 『사고싶은 노을』의 주류를 이루고 있다고 해야 할 것이다. 그렇기 때문에 시집 전체에 비개의 기운이 서려 있다. '은하강 머리를 풀 듯, 아아, / 여울지는 꽃상여여'(「꽃상여」), '노랗게 / 타오르는 광주리 / 섬기슭은 어이 비고?'(「귤따기」), '바닷가 뉘 무덤가에 이르러 / 내 목빛도 붉어라'(「섬동백・2」) 등등 시집 도처에는 안개와 같은 기미가 서려 있다.

　어쨌든 시집 전체로 보았을 때 시인의 눈길은 서울살이의 삶을 질경이에 빗대어 한탄한 「질경이」에서 "친구여, 우리 끝내 / 삭막한 타향에 와 // 오늘도 / 터를 못 잡고 / 놓쳐버린 서울 한 끝"이라 한 것처럼 '타향'의 대립적 삶 속에 옛 길을 내는 자기 존재에의 여행을 담고 있는 것이다. 그러나 그것은 단순한 옛길이 아니다. 단순한 회귀가 아닌 재귀의 길을 말한다. 따라서 '고향에 돌아오면 / 고향이 또 그립구나'라고 자문하는, 고향 자체의 현재성을 재탐(再探)하는 시인의 시선도 눈 여겨 볼 필요가 있다.

    낯선 집 낯선 사람들이
    가지런히
    들어서도

    동구 밖 오리 길엔 산딸기 익었다.

    흩어진
    고사리 손들은 향기 찾아 안 올까.
                        -「고향」 부분

 '고향' 자체가 '낯선' '흩어진'으로 형용되는 바처럼, 그리고 '고사리 손' '향기'가 환유하는 심층의 고향의식을 정확히 이해하는 일이 이 시집이 전하고자 하는 '고향'의 진정한 질감이다.
 물론 그 재귀(再歸)가 전면에 부각되는 것은 아니다. 김수영의 말마따나 현대에 있어서는 시뿐만이 아니라 소설까지도 모험의 발견으로서 자기 형성의 차원에서 그의 <새로움>을 제시하는 것이 문학자의 의무로 되어 있다.

(「시여, 침을 뱉어라」) 그러나 『사고싶은 노을』은 그것을 거부하는 편에 속한다. 내가 '시조집'이라는 말에 일말의 친연성을 가지게 되는 점도 앞서 언급한 한시풍의 격조와 맞물리는 시적 형상방법 때문이다. 이 시조집 속에는 분명 김수영이 말한 대로 '헛소리가 참말이 될 때의 경이'와 같은 시의 기적이 없다. '너무나 많은 자유가 없다'는 내용과 형식의 치열한 싸움은 없다.

대신 시인은 전에 조그맣다고 생각했던 것에 입김을 불어넣어 우리가 미처 보지 못한 자연계의 음향과 색감을 인간화된 감정으로 자연스럽게 내보이려 할 뿐이다. 그는 풍경 속에서 제 마음에 비친 묵묵한 영원을 볼뿐 뭔가 서막과 대단원이 있는 듯 연극을 연출하지 않는다. 사람들은 시인에게 언제나 아름다움과 위엄 이상의 것을 나타내 주기를 기대할 줄 모르나 그는 이름 없는 농투산이, 어부, 들꽃과 돌, 나무의 심정으로 마음의 거울을 들이댈 뿐이다. 그러나 거기에 비친 단순성의 언어들에서, 그 언어들이 보여주는 시각에서 또 하나의 시각이 생기고 청각에서 또 하나의 청각이 생기며 목소리에서 자연과 인간의 조화를 꿈꾸는 또 하나의 목소리가 이처럼 조용히 연상되어 가는 것이다. 그런 만큼 그 연상의 폭이야말로 독자 각자의 몫이 될 것이다.

최근 시인은 6,7년만에 새로운 시세계를 펼쳐 보였다. 「딱새」, 「어느 기일」, 「방선문 딱따구리」, 「다랑쉬오름」,

「왜적처럼 오는 봄」, 「자리젓」 등 선집 맨 앞머리를 장식할 이들 시에 대해 몇 마디 덧붙이고자한다.

물론 신작들이 이전 시들과 질적으로 다른 것이 아니기에 앞서 진술한 논지에 자연스럽게 녹아들 수 있다는 생각이다. 그러나 6,7년이란 세월의 변화를 주목하여 이들 시의 면모만을 따로 떼어서 간략히 짚어보는 것도 아주 의미 없는 일은 아닌 것 같다.

실제로 이전 작품들에 비해 한 눈에 쉽사리 드러나는 신작들의 특징은 이전보다 훨씬 공들여 조탁한 듯한 형식적 완결미이다.

> 이대로 끝장났다 아직은 말하지 마라
> 대가리에서 지느러미, 또 탱탱 알 밴 창자까지
> 한 소절 제주사투리, 그마저 삭았다 해도.
>
> 자리라면 보목리 자리, 한 일년 푹 절여도
> 바다의 야성 같은 왕가시는 살아 있다.
> 딱 한 번 내뱉지 않고 통째로는 못 삼킨다.
>
> 그렇다. 자리가 녹아 물이 되지 못하고
> 온 몸을 그냥 그대로 온전히 내놓는 것은
> 아직은 그리운 이름 못 빼냈기 때문이다.
>
> ―「자리젓」 전문

위 작품에서 볼 수 있듯이 하나의 작품이 대개 서너 연으로 이루어졌다. 그런데 시조라는 양식 ─ 특히 시조의 현대화 모색 ─ 을 염두에 두고 자세히 보면 이들 작품 하나 하나가 매우 정치하게 직조된 미적 구성물임을 알 수 있다. 우선 이들 시편의 한 연은 3행으로 구성된 평시조의 기본 형식을 엄격히 유지하고 있고, 나아가 종장의 마무리 또한 음수율을 철저히 지켜내고 있다. 한 마디로 고전적 형식의 변형과 지속이 마치 활시위처럼 팽팽하게 긴장하고 있는 형상이다. 더구나 시조 양식을 굳이 의식하지 않을 만큼 한 치의 군더더기도 없이 정제된 미학성 자체가 먼저 손에 잡히는 성취야말로 더욱 값진 것이다. 특히 그 가운데서도 작품 내부에서 흘러나오는 내적 리듬감에 음수율 등 형식미가 절로 융합되고, 또 언어의 선택 하나하나에서부터 그것으로 만들어내는 문장…행, 연의 조직에서 우러나오는 긴장과 대립, 비약과 여운 등의 언어적 움직임 또한 주목할 만하다. 이런 면모는 작품 하나하나를 상세히 분석할 때 정확히 드러나겠지만, 지면상 여기서는 몇몇 대목만을 예시해보기로 한다.(이경호의 「제주의 '해원굿'」,(『열린시학』 2003년 가을호)이 이들 최신작의 성취를 상세히 분석하고 있어 참고 바란다.) 가령

　　숨비소리 독경소리, 독경소리 숨비소리

그 행간에 특근한다는 막내 동생 휴대폰소리
―「어느 기일」 부분

순순히 하류로 못 가 나뒹구는 저 자갈돌들
방선문 딱따구리여, 따악, 딱 깨트려라.
―「방선문 딱따구리」 부분

무자년 솥과 사발, 녹 먹은 탄피 몇 개
한 마을 이장해가듯, 고총 같은 동굴이여.
―「다랑쉬오름」 부분

등은 굳이 이런저런 분석을 하지 않더라도 쉽사리 그 성취를 가늠해볼 수 있는 좋은 예가 될 것이다.

  이는 한마디로 작가적 역량을 의미하는 것이고, 이전의 작품과 견줘보면 그것은 어느덧 경륜이라 이름 붙일 만한 무르익음의 한 열매임을 짐작할 수 있다. 제주도의 삶과 역사를 이제 자연의 풍광으로 넉넉히 녹아내며, 그런 만큼 그 의미는 더욱 절실해지는데, 확실히 오승철의 시세계는 더더욱 깊어지고 있나보다.

오승철 연보

1957년　7월 7일(음) 제주도 남제주군 남원읍 위미리에서 아버지 오만영, 어머니 허군일의 4남 1녀 중 3남으로 태어남.
1973년　서귀농고 재학시절 시인 정인수 선생님과 만나 시조공부를 하게 됨.
1976년　서귀포에서 <정방문학>동인으로 참여.
1977년　<시림>동인으로 활동.
1981년　『동아일보』 신춘문예 시조부문에 「겨울 귤밭」으로 당선됐고 같은 해 『시조문학』 여름호에 「항아리」가 천료.
1982년　서귀포시청에 근무.
1984년　아버지가 돌아가셨고(음력 7월 29일), 11월 5일 강경아와 결혼.
1988년　시집 『개닦이』를 냄.
1989년　제주도청으로 발령.
1990년　방송대 국어국문학과 입학.
1996년　계간 『열린시조』 편집위원.
1997년　「사고싶은 노을」로 <한국시조 작품상> 받음.
1999년　계간문예 『다층』 창간에 참여.
2000년　금요문학모임인 <정드리> 회원으로 참여하고 있음.
현재　　<제주도청>에서 근무.